COISA JULGADA PROGRESSIVA E A PROBLEMÁTICA DA AÇÃO RESCISÓRIA CONTRA DECISÕES PARCIAIS DE MÉRITO

I0490688

DANIEL LUZ E SILVA ALMEIDA

Dedico esse trabalho a Ammanda, dona do meu amor e admiração, e a nossa filha Maria, que em breve aportará neste mundo trazendo consigo enormes sonhos e desafios.

A 447 Almeida, Daniel, 1984 -

Coisa julgada progressiva e a problemática da ação rescisória contra decisões parciais de mérito no código de processo civil de 2015 / - 1. Ed. – São Paulo, Edição Independente, 2023.

25p.; 22,86cm

ISBN: 979-8386512170

1.Contextualização. 2. A decisões parciais de mérito e a coisa julgada progressiva.

I. Título.

CDD: 346

Sumário

1. CONTEXTUALIZAÇÃO

O Código Processual Civil de 2015 parece ter encerrado divergência doutrinária e jurisprudencial histórica sobre a cisão da coisa julgada em diferentes momentos processuais, ao prever decisões parciais para resolver questões de menor complexidade do ponto de vista probatório quando houver capítulos autônomos, superando a ideia de unicidade da sentença de Chiovenda.

A despeito de admitir a *res judicata* progressiva, parcial ou cindida, o Código não detalhou quando inicia o prazo de ajuizamento da ação rescisória visando desconstituir as decisões de mérito transitadas em julgado.

O trabalho pretende localizar o instituto das decisões parciais como método inserido no esforço de construção de um processo civil racional, célere e efetivo, estabelecendo um diálogo com a previsão de propositura de rescisória para impugnar capítulos autônomos da decisão e execução definitiva das decisões de mérito transitadas em julgado, buscando a melhor solução a ser dada à disciplina dos marcos temporais do prazo para desconstituí-las.

Considerando a constitucionalização do processo civil escancarada já no artigo 1º do CPC, propõe-se um estudo à luz da garantia constitucional da coisa julgada prevista no artigo 5º, XXXVI, da Carta Magna como corolário do papel do processo civil na estabilização das relações jurídicas.

O trabalho parte de uma revisão bibliográfica da doutrina clássica e moderna, além de uma pesquisa jurisprudencial sobre os institutos da decisão parcial de mérito, coisa julgada e ação rescisória, investigando como as diferentes correntes se posicionam sobre a matéria, buscando uma solução que harmonize o texto da norma legal com os ditames do processo civil constitucional.

2. AS DECISÕES PARCIAIS E A COISA JULGADA PROGRESSIVA

Antes mesmo de entrar em vigor o Código de Processo Civil de 2015, vozes de peso na doutrina surgiram para defender o fenômeno da cisão do julgamento do mérito, notadamente depois de acrescido o §6° ao artigo 273 do CPC/73[1], segundo o qual *"a tutela antecipada também poderá ser concedida quando um ou mais dos pedidos cumulados, ou parcela deles, mostrar-se incontroverso"*.

Fredie Didier Jr. assentava que *"uma fruta madura não precisa esperar o amadurecimento de uma outra, ainda verde para ser colhida"*[2], frase que bem sintetiza a posição de Leonardo da Cunha[3], Luís Guilherme Marinoni[4], Cássio Scarpinela Bueno[5], dentre outros, que classificavam o dispositivo como verdadeiro julgamento antecipado da lide.

A jurisprudência, especialmente no âmbito do Superior Tribunal de Justiça relutou em aderir à tese, ancorada principalmente na circunstância de que o dispositivo versava sobre tutela antecipada,

---

[1] Incluído pela Lei 10.444/2002.
[2] DIDIER JUNIOR, Fredie. Inovações na antecipação dos efeitos da tutela e a resolução parcial do mérito. São Paulo: Revista dos Tribunais, 2003. (Revista de Processo: RePro v. 28, n. 110, p. 225-251, abr./jun)
[3] CUNHA, Leonardo José Carneiro da. O §6° do art. 273 do CPC: tutela antecipada parcial ou julgamento antecipado parcial da lide? Gênesis. Revista de Direito Processual Civil, Curitiba, v. 32, 2004.
[4] MARINONI, Luiz Guilherme. Antecipação de tutela. 10. ed. São Paulo: RT, 2008. p. 294-295.
[5] BUENO, Cassio Scarpinella, Tutela antecipada. São Paulo: Saraiva, 2004. p. 47;

em uma interpretação topológica do artigo, como exemplifica o julgado abaixo transcrito proferido, à luz da lei processual revogada:

> [...] "5. A sentença parcial de mérito é incompatível com o direito processual civil brasileiro atualmente em vigor, sendo vedado ao juiz proferir, no curso do processo, tantas sentenças de mérito/terminativas quantos forem os capítulos (pedidos cumulados) apresentados pelo autor da demanda. 6. Inaplicabilidade do art. 273, § 6º, do CPC, que admite, em certas circunstâncias, a decisão interlocutória definitiva de mérito, visto que não foram cumpridos seus requisitos. Ademais, apesar de o novo Código de Processo Civil (Lei nº 13.105/2015), que entrará em vigor no dia 17 de março de 2016, ter disciplinado o tema com maior amplitude no art. 356, permitindo o julgamento antecipado parcial do mérito quando um ou mais dos pedidos formulados na inicial ou parcela deles (i) mostrar-se incontroverso ou (ii) estiver em condições de imediato julgamento, não pode incidir de forma imediata ou retroativa, haja vista os princípios do devido processo legal, da legalidade e do *tempus regit actum*. 7. Recurso especial não provido".(REsp 1281978/RS, Rel. Ministro RICARDO VILLAS BÔAS CUEVA, TERCEIRA TURMA, DJe 20/05/2015)

Pelo raciocínio majoritariamente prevalente no âmbito daquela corte superior, todas as questões relacionadas com o mérito deviam ser julgadas em um único ato, mesmo porque era a sentença veiculava a motivação e o exame das questões relativas ao mérito da causa. É o que se convencionou chamar de princípio da unidade estrutural da sentença.

Segundo doutrina de escol:

> Ao contrário do que poderia ocorrer no sistema revogado (CPC/39 287), no sistema processual civil brasileiro em vigor o juiz deve decidir a lide integralmente, nos limites em que foi proposta, sendo-lhe vedada a decisão parcial da lide com o prosseguimento do processo para a decisão do restante da

lide. Não é possível haver sentença parcial no direito processual civil brasileiro, por força do CPC 128, 460, 513 e 522. Em virtude disso, não é compatível com o sistema a coexistência de mais de uma sentença no mesmo processo ou na mesma fase processual de conhecimento ou de liquidação (NERY JUNIOR, Nelson e NERY, Rosa Maria de Andrade. Código de Processo Civil Comentado e Legislação Extravagante, 14ª ed., São Paulo: Revista dos Tribunais, 2014, págs. 533-538 e 1.049-1.050)

O Código de Processo Civil de 2015 trouxe significativas alterações, conforme se verá a seguir.

3. O ABANDONO DA IDEIA DE UNIDADE DA SENTENÇA PELO CÓDIGO DE PROCESSO CIVIL DE 2015

A nova dogmática processual civil sugere a superação definitiva da teoria da unidade estrutural da sentença.

O artigo 354 do Código de Processo Civil de 2015 prescreve que, ocorrendo uma das hipóteses dos artigos 485 e 487, incisos II e III[6], *"a decisão pode dizer respeito a apenas parcela do processo, caso em que será impugnável por agravo de instrumento"*.

Trata-se de permissivo para o juiz proferira decisões parciais terminativas ou de mérito quando o autor optar por cumular pedidos[7] ou quando estes sejam decomponíveis, *i.e.*, na hipótese de ser viável que parcela do processo seja resolvido por decisão parcial,

---

[6] Art. 485. O juiz não resolverá o mérito quando: I - indeferir a petição inicial; II - o processo ficar parado durante mais de 1 (um) ano por negligência das partes; III - por não promover os atos e as diligências que lhe incumbir, o autor abandonar a causa por mais de 30 (trinta) dias; IV - verificar a ausência de pressupostos de constituição e de desenvolvimento válido e regular do processo; V - reconhecer a existência de perempção, de litispendência ou de coisa julgada; VI - verificar ausência de legitimidade ou de interesse processual; VII - acolher a alegação de existência de convenção de arbitragem ou quando o juízo arbitral reconhecer sua competência; VIII - homologar a desistência da ação; IX - em caso de morte da parte, a ação for considerada intransmissível por disposição legal; e X - nos demais casos prescritos neste Código.
Art. 487. Haverá resolução de mérito quando o juiz: I – *omissis*; II – decidir, de ofício ou a requerimento, sobre a ocorrência de decadência ou prescrição; III – homologar: a) o reconhecimento da procedência do pedido formulado na ação ou na reconvenção; b) a transação; c) a renúncia à pretensão formulada na ação ou na reconvenção.

[7] Art. 327. É lícita a cumulação, em um único processo, contra o mesmo réu, de vários pedidos, ainda que entre eles não haja conexão.

deixando os demais para outro momento, através de sentença[8] ou mesmo por meio de outras decisões parciais no decorrer do feito.

Os vícios processuais que atinjam apenas parte do processo também podem ser resolvidos por decisão parcial sem apreciação meritória, com a postergação da análise do mérito para outra oportunidade.

O artigo 356, na mesma linha, instituiu a chamada decisão interlocutória parcial de mérito *"quando um ou mais dos pedidos formulados ou parcela deles: I - mostrar-se incontroverso; II - estiver em condições de imediato julgamento"*.

Os seus parágrafos descrevem ser imediata a liquidação ou execução da obrigação reconhecida na decisão parcial de mérito, independentemente de caução e ainda que haja recurso (§2°), disciplinando, ainda, que caso a decisão transite em julgado, sua execução é definitiva (§3°).

Perceba-se que não há mais de se aguardar a preclusão máxima da sentença que vier a resolver os demais capítulos do processo, sejam ou não de mérito, para considerar como definitivo o cumprimento forçado da obrigação veiculada na decisão parcial.

Superou-se, portanto, a chamada teoria da unidade estrutural da sentença, que tem Chiovenda[9] como seu principal expoente (*principio della unità e unicità della decisione*), na qual

---

[8] O artigo 82, caput, do CPC/15 menciona a locução "sentença final" em aparente tautologia, mas diante da possibilidade de se veicular cognição exauriente em decisões interlocutórias, a adoção do termo parece ter uma função didática.
[9] CHIOVENDA, Giuseppe. Instituições de direito processual civil. São Paulo: Bookseller, 1998. p. 198.

somente a sentença poderia veicular pronunciamento de cognição exauriente, de modo uno e indivisível, por meio do qual o Juiz encerraria sua atuação no 1º grau e formaria coisa julgada.

A Corte Especial do Superior Tribunal de Justiça – ao julgar os Embargos de Divergência no Recurso Especial 404.777/DF[10] em sessão realizada no dia 03/12/2003 – adotou expressamente a teoria para afastar as chamadas "sentenças parciais" e o trânsito em julgado parcelado à luz do Código Processual de 1973.

Doravante, todavia, e na contramão do julgado, os dispositivos da Lei 13.105/2015 até aqui mencionados[11] não deixam margem razoável de dúvida sobre a possibilidade de se formar coisa julgada formal e/ou material de capítulos ou parcelas do mérito ao longo de diferentes momentos do mesmo processo[12], fenômeno denominado de coisa julgada progressiva, mas também cindida, parcial ou gradual (art. 354, parágrafo único, CPC).

---

[10] PROCESSUAL CIVIL - EMBARGOS DE DIVERGÊNCIA NO RECURSO ESPECIAL - AÇÃO RESCISÓRIA - PRAZO PARA PROPOSITURA - TERMO INICIAL - TRÂNSITO EM JULGADO DA ÚLTIMA DECISÃO PROFERIDA NOS AUTOS - CPC, ARTS. 162, 163, 267, 269 E 495. - A coisa julgada material é a qualidade conferida por lei à sentença / acórdão que resolve todas as questões suscitadas pondo fim ao processo, extinguindo, pois, a lide. - Sendo a ação una e indivisível, não há que se falar em fracionamento da sentença/acórdão, o que afasta a possibilidade do seu trânsito em julgado parcial. - Consoante o disposto no art. 495 do CPC, o direito de propor a ação rescisória se extingue após o decurso de dois anos contados do trânsito em julgado da última decisão proferida na causa. - Embargos de divergência improvidos. (EREsp 404.777/DF, Rel. p/ Acórdão Min. FRANCISCO PEÇANHA MARTINS, CORTE ESPECIAL, DJ 11/04/2005, p. 169)

[11] Além deles, os artigos 966, §3º; 1.009, § 3º; 1.013, §§ 1º e 5º e art. 1.034, o parágrafo único se referem a capítulo da decisão ou da sentença.

[12] Enunciado 436 do FPPC: Preenchidos os demais pressupostos, a decisão interlocutória e a decisão unipessoal (monocrática) são suscetíveis de fazer coisa julgada.

Entende-se que a inovação legislativa militou em prol da celeridade e da racionalidade, prestigiando o princípio da duração razoável do processo incorporado à Carta da República por meio da Emenda Constitucional 45/2004, reforçado e aprimorado pelo artigo 4º do CPC/2015[13], viabilizando a antecipação da cognição exauriente e a execução definitiva de questões menos complexas do ponto de vista probatório, que não mais estão condicionadas à prolação de uma sentença única e ao final do processo.

---

[13] Art. 4º As partes têm o direito de obter em prazo razoável a solução integral do mérito, incluída a atividade satisfativa.

4. A REFORMULAÇÃO DOS CONCEITOS LEGAIS DE SENTENÇA E DECISÃO INTERLOCUTÓRIA

Rompido o paradigma da unidade estrutural da sentença e identificada a aptidão da decisão interlocutória para formar coisa julgada formal e material, o mero transplante dos conceitos previstos nos parágrafos 1º e 2º do artigo 162 do CPC/73[14] se tornariam inadequados para classificar e diferenciar sentença de decisão interlocutória no Código Fux.

Segundo o artigo 203, §1º, do CPC/15, ressalvadas as peculiaridades dos procedimentos especiais, *"sentença é o pronunciamento por meio do qual o juiz, com fundamento nos arts. 485 e 487, põe fim à fase cognitiva do procedimento comum, bem como extingue a execução"*.

Observe-se que, diferentemente do seu correspondente no CPC revogado (que já tinha sido alterado pela Lei 11.232/2005), o conteúdo do ato, isoladamente considerado, tornou-se insuficiente para caracterizá-lo como sentença, devendo também restar

---

[14] Art. 162. Os atos do juiz consistirão em sentenças, decisões interlocutórias e despachos.
§ 1º Sentença é o ato do juiz que implica alguma das situações previstas nos arts. 267 e 269 desta Lei.
§ 2º Decisão interlocutória é o ato pelo qual o juiz, no curso do processo, resolve questão incidente.

configurada a finalidade de pôr fim à fase cognitiva ou extinguir a execução.

O parágrafo segundo do artigo conceitua decisão interlocutória negativamente, sendo *"todo pronunciamento judicial de natureza decisória que não se enquadre no § 1º"*, ou seja, como só a sentença é capaz de pôr fim à fase cognitiva ou extinguir a execução, qualquer ato decisório do juiz que não os faça, será considerado decisão interlocutória.

É possível identificar três tipos de decisões interlocutórias: **(i)** as que decidem questões processuais internas não fundamentadas no artigo 485 do CPC, a exemplo da decisão versando sobre tutela provisória; **(ii)** as terminativas que resolvem parte das questões (ou dos pedidos) ancoradas no dispositivo legal supracitado, isto é, as decisões parciais sem análise de mérito que não encerrem fase cognitiva ou extingam execução, *v.g.*, a exclusão um dos litisconsortes simples por ilegitimidade; e, **(iii)** por fim, as que resolvem parcela do mérito com base no artigo 487 do CPC e igualmente não ponham fim ao processo ou extingam a execução, *i.e.*, as decisões parciais de mérito propriamente ditas, que constituem objeto desse trabalho, que têm como exemplo mais comum a decisão que julga procedente ou improcedente um dos pedidos formulados cumulativamente que esteja em condições de imediato julgamento (art. 327, caput, c/c 356, II, do CPC)[15],

---

[15] Art. 327. É lícita a cumulação, em um único processo, contra o mesmo réu, de vários pedidos, ainda que entre eles não haja conexão.

deixando para apreciar os demais em outro momento do mesmo processo.

As duas últimas espécies são, *mutatis mutandis*, as "sentenças parciais" cuja existência era defendida por parcela da doutrina ainda sob à égide do Código revogado.

Doravante, restou eliminado o empecilho legal para que a interlocutória veicule cognição exauriente de mérito e forme coisa julgada material, desde que não ponha fim ao processo ou extinga a execução, caso em que será classificada como sentença.

5. A AÇÃO RESCISÓRIA COMO GARANTIA CONSTITUCIONAL

Considerando a constitucionalização do processo civil escancarada já no artigo 1º do CPC[16], é de bom alvitre relembrar que a coisa julgada constitui garantia de envergadura constitucional prevista no artigo 5º, XXXVI, da Carta Magna como corolário do papel do processo civil na estabilização das relações jurídicas, evitando a perpetuação dos litígios e promovendo a segurança jurídica.

Humberto Theodoro Júnior ponderou o seguinte:

> *"É impensável Estado Democrático de Direito fora da garantia de segurança jurídica, e é em seu nome que se estrutura o instituto da coisa julgada. Sendo impossível a perfeição do julgamento humano, não cabe à ordem jurídica exigir que o juiz jamais erre ou nunca cometa alguma injustiça. Mas é legítimo espera que os julgamentos judiciais são sempre acatados e respeitados e possam cumprir a missão pacificadora dos litígios".*[17]

---

[16] Art. 1º. O processo civil será ordenado, disciplinado e interpretado conforme os valores e as normas fundamentais estabelecidos na Constituição da República Federativa do Brasil, observando-se as disposições deste Código.
[17] THEODORO JÚNIOR, Humberto. "Coisa julgada: pluralidade e unicidade (Súmula 401 do STJ)". Revista Magister de Direito Civil e Processo Civil. Porto Alegre: Magister, vol. 35, março-abril/2004, p. 76.

Transitado em julgado o provimento jurisdicional de mérito, esse se torna imutável e indiscutível (art. 502, CPC/15), tem força de lei *inter partes* nos limites da questão principal expressamente decidida (art. 503, CPC/15), embora não prejudique terceiros (artigo 506, CPC/15), e faz incidir a eficácia preclusiva, considerando-se *"deduzidas e repelidas todas as alegações e as defesas que a parte poderia opor tanto ao acolhimento quanto à rejeição do pedido"* (art. 508, CPC).

Como no Direito (quase) nada é absoluto, *"admite afastar-se a imutabilidade e a indiscutibilidade da coisa julgada material do provimento jurisdicional que violou ostensivamente o princípio da justiça, da legalidade e da normatividade"*[18] através de um meio autônomo de impugnação previsto na lei processual, e regulamentada pelos artigos 966 a 975 do CPC, para excepcionar os efeitos expostos no parágrafo anterior.

Segundo Pontes de Miranda, *"se o juiz viola a regra de direito pré-processual, processual, material, constitucional, administrativo, judiciário interno, sobre direito no tempo ou no espaço, ou no espaço-tempo, a ação rescisória cabe.*[19].

Não é modalidade de recurso[20], mas uma ação de conhecimento de competência originária de tribunal que veicula um

---

[18] PEIXOTO, Ravi. Ação rescisória e capítulos de sentença: a análise de uma relação conturbada a partir do CPC/15. In: Processo nos tribunais e meios de impugnação às decisões judiciais. DIDIER JR, Fredie (coord geral) - Salvador: Jvspodium, 2016

[19] PONTES DE MIRANDA, Francisco Cavalcanti. Tratado da ação rescisória. Atualizado por Vilson Rodrigues Alves. 2. ed. Campinas: Bookseller, 2003. p. 294.

[20] MOREIRA, José Carlos Barbosa. Comentários ao Código de Processo Civil, 11.

pedido rescindente (*judicium rescindens*) – cuja procedência ostenta natureza jurídica constitutiva negativa – e eventualmente um pedido rescisório (*judicium rescisorium*), *"que pode assumir natureza constitutiva, condenatória ou meramente declaratória, dependendo do objeto do rejulgamento formulado pelo autor"[21]*, aspecto corroborado pela redação do artigo 974 do CPC[22].

As alterações positivo-conceituais de sentença e decisão interlocutória, analisadas no capítulo anterior, repercutiram no seu cabimento – que não é mais ajuizada apenas contra *"sentença de mérito transitada em julgada"*, como constava da redação do artigo 485, caput, do CPC/73[23] - sendo sua admissão ampliada para rescindir toda *"decisão de mérito transitada em julgado"*, como estipula o artigo 966, *caput*, do CPC/2015[24].

---

ed., v. V, p. 122
[21] SOARES, Marcelo Negri Ação rescisória: 2a edição/Marcelo Negri Soares, Izabella Freschi Rorato. -- São Paulo: Blucher, 2019, p. 39.
[22] Art. 974. Julgando procedente o pedido, o tribunal rescindirá a decisão, proferirá, se for o caso, novo julgamento e determinará a restituição do depósito a que se refere o inciso II do art. 968.
Parágrafo único. Considerando, por unanimidade, inadmissível ou improcedente o pedido, o tribunal determinará a reversão, em favor do réu, da importância do depósito, sem prejuízo do disposto no § 2º do art. 82.
[23] Art. 485. **A sentença de mérito, transitada em julgado**, pode ser rescindida quando:
[24] Art. 966. **A decisão de mérito, transitada em julgado,** pode ser rescindida quando: I - se verificar que foi proferida por força de prevaricação, concussão ou corrupção do juiz; II - for proferida por juiz impedido ou por juízo absolutamente incompetente; III - resultar de dolo ou coação da parte vencedora em detrimento da parte vencida ou, ainda, de simulação ou colusão entre as partes, a fim de fraudar a lei; IV - ofender a coisa julgada; V - violar manifestamente norma jurídica; VI - for fundada em prova cuja falsidade tenha sido apurada em processo criminal ou venha a ser demonstrada na própria ação rescisória; VII - obtiver o autor, posteriormente ao trânsito em julgado, prova nova cuja existência ignorava ou de que não pôde fazer uso, capaz, por si só, de lhe assegurar pronunciamento favorável; VIII - for fundada em erro de fato verificável do exame dos autos.

A constatação reforça a ideia de admissão da coisa julgada progressiva[25] pela Lei 13.105/2015, pois se o legislador pretendesse manter a teoria da unidade estrutural da sentença, bastaria repetir a expressão *"sentença de mérito"* no novel dispositivo, sem deslembrar ainda que o artigo 966, §3º prevê que *"a ação rescisória pode ter por objeto apenas 1 (um) capítulo da decisão".*

---

[25] Enunciado 336 do FPPC: Cabe ação rescisória contra decisão interlocutória de mérito

6. A COISA JULGADA INCONSTITUCIONAL

Questão interessante diz respeito à coisa julgada inconstitucional, concebida como aquele título executivo judicial amparado em lei posteriormente declarada inconstitucional ou não recepcionada em sede de controle concentrado ou, ainda, sob o regime da repercussão geral por decisão do Supremo Tribunal Federal.

A jurisprudência da Suprema Corte entende que, ressalvadas as relações de trato sucessivo ou continuado, os acórdãos que declaram a constitucionalidade ou a inconstitucionalidade de preceito normativo não produzem a automática reforma ou rescisão das decisões proferidas em processos anteriores que tenham adotado entendimento distinto.

Assim, para que a decisão de mérito transitada em julgado seja modificada ou rescindida é indispensável a propositura da ação rescisória própria, nos termos do art. 966, V do CPC 2015, observado o prazo decadencial de 2 anos (art. 975 do CPC).

Nesse sentido, foi editado o Tema nº 733 da Repercussão Geral do Supremo Tribunal Federal (RE 730.462, DJE 09/09/2015):

A decisão do Supremo Tribunal Federal declarando a constitucionalidade ou a inconstitucionalidade de preceito normativo não produz a automática reforma ou rescisão das decisões anteriores que tenham adotado entendimento diferente. Para que tal ocorra, será indispensável a interposição de recurso próprio ou, se for o caso, a propositura de ação rescisória própria, nos termos do art. 485 do CPC, observado o respectivo prazo decadencial (CPC, art. 495).

No julgamento, prevaleceu o voto paradigmático do saudoso ministro Teori Zavascki, citando outro precedente de relatoria do ministro Celso de Mello, distinguindo as eficácias normativa e executiva das decisões proferidas pelo plenário do STF em ações diretas, pelas consequências diversas que operam em face das situações concretas.

Segundo s. Exa., *"a eficácia normativa (= declaração de constitucionalidade ou de inconstitucionalidade) se opera ex tunc, porque o juízo de validade ou nulidade, por sua natureza, dirige-se ao próprio nascimento da norma questionada".*

A eficácia executiva, por outro lado, não produz efeitos desde a origem da norma, pois *"o efeito vinculante, que lhe dá suporte, não decorre da validade ou invalidade da norma examinada, mas, sim, da sentença que a examina".*

E prossegue:

"Os atos anteriores, mesmo quando formados com base em norma inconstitucional, somente poderão ser desfeitos ou rescindidos, se for o caso, em processo próprio. Justamente por não estarem submetidos ao efeito vinculante da sentença, não podem ser atacados por simples via de reclamação. É firme nesse sentido a jurisprudência do Tribunal: "Inexiste ofensa à autoridade de pronunciamento do Supremo

Tribunal Federal se o ato de que se reclama é anterior à decisão emanada da Corte Suprema".

Note-se que a ação rescisória, mesmo nos casos em que há uma coisa julgada inconstitucional, devem respeitar o prazo decadencial, o que traz maior relevância à descoberta do termo inicial nas hipóteses de decisão parcial de mérito fundada em dispositivo posteriormente declarado inconstitucional pela Suprema Corte.

7. DIVERGÊNCIA JURISPRUDENCIAL ENTRE CORTES SUPERIORES SOBRE O PRAZO DA RESCISÓRIA

O artigo 975 do Digesto Processual Civil estipula um prazo decadencial de dois anos para ajuizar a referida ação, *"contados do trânsito em julgado da última decisão proferida no processo"*, ressalvadas as hipóteses de prova nova (art. 966, VII c/c art. 975, §2°) e fraude (arts. 966, III c/c art. 975, § 3°)[26], hipóteses cujos termos iniciais são deslocados, respectivamente, para os dias da descoberta do novo elemento probatório e do conhecimento da fraude pelo terceiro interessado ou pelo Ministério Público.

Como anteriormente exposto, a jurisprudência dominante no STJ, firmada à luz do CPC de 1973, não admitia a cisão da sentença em capítulos em nome da teoria da unidade estrutural de Chiovenda.

Uma vez superada a unicidade com a previsão expressa da lei codificada vigente (artigos 354 e seguintes), levanta-se o

---

[26] Art. 966. A decisão de mérito, transitada em julgado, pode ser rescindida quando: (...) III - resultar de dolo ou coação da parte vencedora em detrimento da parte vencida ou, ainda, de simulação ou colusão entre as partes, a fim de fraudar a lei; (...) VII - obtiver o autor, posteriormente ao trânsito em julgado, prova nova cuja existência ignorava ou de que não pôde fazer uso, capaz, por si só, de lhe assegurar pronunciamento favorável; (...)
Art. 975. (...)
§ 2° Se fundada a ação no inciso VII do art. 966, o termo inicial do prazo será a data de descoberta da prova nova, observado o prazo máximo de 5 (cinco) anos, contado do trânsito em julgado da última decisão proferida no processo. § 3° Nas hipóteses de simulação ou de colusão das partes, o prazo começa a contar, para o terceiro prejudicado e para o Ministério Público, que não interveio no processo, a partir do momento em que têm ciência da simulação ou da colusão. (...)

questionamento acerca da melhor interpretação a ser dada à parte final da cabeça do artigo 975 do CPC/2015, ou seja, qual o sentido correto da expressão "última decisão proferida no processo" a fim de identificar o termo *a quo* do biênio decadencial da decisão parcial de mérito[27].

O Enunciado 401 da Súmula do STJ, aprovado em 07/10/2009, estabelece: *"o prazo decadencial da ação rescisória só se inicia quando não for cabível qualquer recurso do último pronunciamento judicial"*, ideia que, à primeira vista, parece ter sido encampada pelo artigo 975, *caput*, do CPC/15, dispondo que *"o direito à rescisão se extingue em 2 (dois) anos contados do trânsito em julgado da última decisão proferida no processo"*.

Para compreender os fundamentos que formaram a compreensão da Corte da Cidadania sobre o tema, assim resume Délio Mota de Oliveira Júnior[28]:

> (i) não há possibilidade de trânsito em julgado parcial e do fracionamento da

---

[27] Curioso destacar que o Deputado Hugo Leal elaborou Relatório-Parcial contendo regulamentação do prazo para a ação rescisória contra decisão interlocutória de mérito e contra capítulo não recorrido:
Art. 975. (...)
§ 2o No caso de decisão parcial de mérito, o prazo a que se refere o caput conta- se do respectivo trânsito em julgado.
§ 3o No caso de recurso parcial, nos termos do art. 956, o prazo a que se refere o caput conta-se do trânsito em julgado do capítulo não impugnado.
https://www.camara.leg.br/proposicoesWeb/prop_mostrarintegra?codteor=101828 0&filename=Tramitacao-PRP+3+PL602505+%3D%3E+PL+6025/2005, acesso em 28/07/2019 às 11:41.

[28] OLIVEIRA JÚNIOR, Délio Mota de. A formação progressiva da coisa julgada material e o prazo para o ajuizamento da ação rescisória: contradição do Novo Código de Processo Civil. In: Processo nos tribunais e meios de impugnação às decisões judiciais. DIDIER JR, Fredie (coord geral) - Salvador: Jvspodium, 2016.

sentença ou do acórdão, haja vista que a ação é una e indivisível; (ii) admitir coisa julgada por capítulos resultaria em uma suposta conturbação processual, na medida em que se tornaria possível haver uma numerosa quantidade de coisas julgadas em um mesmo feito, e consequentemente possibilidade de existência de diversas ações rescisórias referentes a um mesmo processo; (iii) impossibilidade do manejo da ação rescisória enquanto estiver tramitando o processo principal e (iv) necessidade de se aguardar o julgamento de todos os capítulos da sentença, para ver se não será declarada a nulidade de todo o processo.

O Supremo Tribunal Federal, antes da entrada em vigor do Código vigente, já vinha admitindo a formação progressiva da *res judicata* de capítulos não recorridos, *ex vi* Recurso Extraordinário 666.589/DF (1ª Turma, Rel. Min. Marco Aurélio, j. 25/03/2014), cujo acórdão está assim ementado:

> COISA JULGADA – ENVERGADURA. A coisa julgada possui envergadura constitucional.
> COISA JULGADA – PRONUNCIAMENTO JUDICIAL – CAPÍTULOS AUTÔNOMOS. Os capítulos autônomos do pronunciamento judicial precluem no que não atacados por meio de recurso, surgindo, ante o fenômeno, o termo inicial do biênio decadencial para a propositura da rescisória. (RE 666.589 DF, Relator(a): Min. MARCO AURÉLIO, Primeira Turma, julgado em 25/03/2014, ACÓRDÃO ELETRÔNICO DJe-106 DIVULG 02-06-2014 PUBLIC 03-06-2014)

Importante destacar que por meio do julgamento do citado Recurso Extraordinário, o Supremo reformou o acórdão da Corte Especial do STJ, proferido em Embargos de Divergência no Recurso Especial 404.777/DF (*vide* nota de rodapé n° 11), que, por sua vez, serviu de precedente para justificar a edição da Súmula 401/STJ, o que já seria bastante para recomendar a revogação do verbete.

Em seu voto, o Ministro Marco Aurélio manifesta adesão às posições doutrinárias de Athos Gusmão, Humberto Theodoro Jr e Cândido Rangel Dinamarco[29] para contar os prazos da rescisória de forma autônoma, conforme seus capítulos transitem em julgado, como no caso dos recursos parciais.

Para melhor ilustrar a tese vencedora, cita-se a lição de Barbosa Moreira[30] exposta no voto do ministro relator:

> Cumpre todavia enfatizar que, se algo da decisão recorrida transitou em julgado – por ter ficado fora do alcance do recurso, ou por dele não haver conhecido, no particular, o órgão *ad quem* –, e se é esse capítulo que se quer impugnar, a ação rescisória deve ser proposta contra a decisão recorrida. Assim, *v.g.*, quando o vício alegado, a existir, residiria na parte unânime do acórdão proferido em grau de apelação, e não naquela outra que, tomada por maioria de votos, tenha dado ensejo a embargos infringentes. Pode, naturalmente, caber nova ação rescisória contra o

---

[29] JÚNIOR THEODORO, Humberto. Curso de Direito Processual Civil. Volume I. 52a ed., 2011, p. 744; CARNEIRO, Athos Gusmão. Ação Rescisória, Biênio Decadencial e Recurso Parcial. Revista de Processo no 88, Ano 22, São Paulo: RT, 1997, p. 233; DINAMARCO, Cândido Rangel. Capítulos de Sentença. 5a ed. São Paulo: Malheiros, 2013, p. 118

[30] BARBOSA MOREIRA, José Carlos. Comentários ao Código de Processo Civil, Vol. V, 16ª ed. Rio de Janeiro: Forense, 2011, p. 114-115.

acórdão dos embargos; mas cada qual terá seus fundamentos próprios e inconfundíveis.

O Enunciado 354 da Súmula da Suprema Corte, aprovada em 13/12/1963, indica a posição jurisprudencial histórica de admissão da coisa julgada em parcelas, ao prescrever que *"em caso de embargos infringentes parciais, é definitiva a parte da decisão embargada em que não houve divergência na votação"*.

No mesmo diapasão, transcreve-se o item II do Enunciado da Súmula 100 do Tribunal Superior do Trabalho:

> (...) II - Havendo recurso parcial no processo principal, o trânsito em julgado dá-se em momentos e em tribunais diferentes, contando-se o prazo decadencial para a ação rescisória do trânsito em julgado de cada decisão, salvo se o recurso tratar de preliminar ou prejudicial que possa tornar insubsistente a decisão recorrida, hipótese em que flui a decadência a partir do trânsito em julgado da decisão que julgar o recurso parcial. (alterada pela Res. 109/2001, DJ 20.04.2001) (...)

A partir desses elementos, é possível identificar no Estatuto processual uma aparente contradição, pois se de um lado positiva em seu artigo 354 a preclusão máxima em parcelas (ou imunização parcial) nos moldes da jurisprudência do STF e TST, por outro, em descompasso, aparentemente fixa um único marco de início do prazo da rescisória: a preclusão máxima da última decisão possivelmente prolatada no processo, tal qual a Súmula 401 do STJ.

8. DO *DIES A QUO* PARA AJUIZAMENTO DA AÇÃO RESCISÓRIA CONTRA DECISÃO PARCIAL DE MÉRITO NO CPC/15

Identificada a problemática do prazo para ajuizar a rescisória em face de decisão parcial de mérito, cumpre então elencar as possíveis soluções apresentadas pela doutrina.

Uma primeira reflexão passa por definir se a decisão parcial de mérito é rescindível, nos moldes do artigo 966 do CPC. Afora a literalidade da expressão "decisão de mérito" prevista no dispositivo, como já indicado, o referido ato processual veicula cognição exauriente e possui aptidão para formar coisa julgada material, devendo a questão ser respondida positivamente e dispensa novas digressões.

O segundo passo é identificar se essa rescindibilidade é imediata, *i.e.*, se é possível ajuizar a ação rescisória incontinenti – seja pelo transcurso *in albis* do prazo para interpor agravo de instrumento (artigo 1.015, II, CPC/15)[31], seja pelo esgotamento dos recursos[32] – ou se haveria necessidade de se aguardar o trânsito em

---

[31] Art. 1.015. Cabe agravo de instrumento contra as decisões interlocutórias que versarem sobre: (...)
II - mérito do processo;
[32] Nos termos da Súmula 514/STJ, "admite-se ação rescisória contra sentença transitada em julgado, ainda que contra ela não se tenha esgotado todos os recursos".

julgado de todas as decisões do processo, tal qual a interpretação dada pela Súmula 401.

Uma corrente representada por Teresa Arruda Alvim[33], Marcelo Negri Soares e Izabela Rorato[34], Alexandre Freitas Câmara[35], Nelson Nery Jr e Rosa Maria de Andrade Nery[36], em uma interpretação literal do dispositivo e influenciada pela Súmula 401 do STJ, sustenta que somente depois de transitada em julgada a última decisão do processo se inicia o biênio decadencial, devendo o interessado em rescindir a decisão parcial de mérito parcial aguardar a preclusão máxima de todo o processo.

Parte-se da equivocada premissa de que o artigo 975 do CPC atestaria a incompatibilidade do Código Fux com a formação progressiva da coisa julgada.

Considerando os dispositivos até aqui elencados, parece que a ideia de afastamento da coisa julgada progressiva não foi a tônica do Código vigente, muito pelo contrário. A linha defendida pelos ilustre autores, com a devida vênia, parte de uma ideia de unicidade que, se existia à luz do CPC/73, foi eliminada pela Lei 13.105/15, conforme discorreu o presente trabalho.

---

[33] ARRUDA ALVIM, Teresa. Ação rescisória. Temas essenciais do novo CPC. São Paulo: Revista dos Tribunais, 2016. p. 625; ARRUDA ALVIM, Teresa. CONCEIÇÃO, Maria Lúcia Lins; RIBEIRO, Leonardo Ferres da Silva; MELLO, Rogério Licastro Torres de. Primeiros comentários ao novo Código de Processo Civil. São Paulo: Revista dos Tribunais, 2015. p. 1394.

[34] Soares, Marcelo Negri Ação rescisória : 2a edição atualizada de acordo com o CPC/2015 / Marcelo Negri Soares, Izabella Freschi Rorato. -- São Paulo: Blucher, 2019, p. 213.

[35] CÂMARA, Alexandre Freitas. O novo processo civil brasileiro - São Paulo: Atlas, 2015, p. 476.

[36] NERY JR, Nelson Nery e NERY, Rosa Maria de Andrade. Comentários ao Código de Processo Civil. São Paulo: RT, 2015, p. 1.924.

Discorda-se daquele entendimento, uma vez que o interesse de agir da rescisória nasce contemporaneamente à preclusão máxima do mérito. Vedar a imediata rescindibilidade representa um tratamento gravemente assimétrico das partes, pois viabilizaria o cumprimento forçado definitivo daquela parcela do mérito pelo credor (art. 356, §3º, CPC), mas postergaria o direito potestativo do devedor de apresentar a ação rescisória depois de preclusos todos os pedidos do processo, o que pode demorar vários anos e atenta contra a segurança jurídica, em clara afronta à isonomia e à paridade de armas.

Reforçando o caráter de desigualdade da interpretação que afasta a rescindibilidade imediata nessas situações, Fredie Didier Jr e Leonardo da Cunha[37] ponderam:

> Se há coisa julgada parcial, há possibilidade de execução definitiva desta decisão (art. 356, § 2º, CPC); se o credor não promover a execução dentro do prazo prescricional, sua pretensão será encoberta pela prescrição. A coisa julgada parcial faz disparar, em desfavor do credor, o início do prazo prescricional, mas não faria disparar em desfavor do devedor, o início do prazo decadencial para propor a ação rescisória? O credor para a ter um prazo para executar; o devedor, um prazo indefinido para propor ação rescisória. Essa situação é claramente uma ofensa ao princípio da igualdade.

---

[37] DIDIER JR, Fredie; CUNHA, Leonardo Carneiro da. Curso de direito processual civil: o processo civil nos tribunais, recursos, ações de competência originária de tribunal e *querela nullitatis*, incidentes de competência originária de tribunal – 14. ed. Reform. – Salvador: Juspodivm, 2017, p. 529-530.

A melhor interpretação da expressão "última decisão proferida no processo", prevista a cabeça do artigo 975 do Código é entendê-la como o pronunciamento derradeiro sobre a questão que se tornou indiscutível pela coisa julgada parcial, isto é, a decisão que por último operou o efeito substitutivo do artigo 1.008 do CPC[38] daquela parcela do mérito[39].

Para Humberto Theodoro Júnior, a literalidade do *"dispositivo do art. 975, que unifica o prazo da ação rescisória, sem respeitar a formação parcelada da* res iudicata, *padece de inconteste inconstitucionalidade"*[40].

Welder Queiroz dos Santos[41] aponta que *"o termo final do prazo de dois anos é contado da última decisão do processo referente ao capítulo julgado"*, pensamento compartilhado com Cássio Scarpinella Bueno[42], Fredie Didier e Leonardo da Cunha[43], inspirados em José Carlos Barbosa Moreira[44].

Poderia se argumentar, de forma pertinente, que tal interpretação esvaziaria o conteúdo da expressão legal.

---

[38] Art. 1.008. O julgamento proferido pelo tribunal substituirá a decisão impugnada no que tiver sido objeto de recurso.
[39] DIDIER JR, Fredie; CUNHA, Leonardo Carneiro da. *Op cit.*
[40] THEODORO JÚNIOR, Humberto. Curso de direito processual civil - 49 ed. - Rio de Janeiro: Editora Forense, 2016, volume III – p. 895
[41] SANTOS, Welder Queiroz dos. Ação rescisória contra decisão interlocutória de mérito e contra capítulo não recorrido. Doutrinas Essenciais - Novo Processo Civil | vol. 7/2018 | Revista de Processo | vol. 272/2017 | p. 327 - 347 | Out / 2017 | DTR\2017\5939
[42] SCARPINELLA BUENO, Cassio. Manual de direito processual civil – 2ª ed. São Paulo: Saraiva, 2016.
[43] DIDIER JR, Fredie; CUNHA, Leonardo Carneiro da. *Op cit*
[44] BARBOSA MOREIRA, José Carlos. *Op cit.*

No entanto, entende-se que o melhor sentido da locução "última decisão do processo" seja o de positivar entendimento jurisprudencial do Superior Tribunal de Justiça, segundo o qual, ressalvadas as hipóteses de má-fé[45], o prazo decadencial da rescisória flui a partir do trânsito em julgado da última decisão em grau recursal daquela parcela do mérito, *"em atenção aos ditames da segurança jurídica, da boa-fé, da economia processual e do devido processo legal (...) ainda que seja ela uma decisão que negue seguimento a recurso intempestivo"* (REsp 1781990/SP, Rel. Ministra NANCY ANDRIGHI, TERCEIRA TURMA, DJe 19/02/2019).

Para Marcus Vinícius Gonçalves[46], mesmo que o recurso não seja conhecido, o prazo da rescisória não retroagirá, mas será contado depois do trânsito em julgado da última decisão, salvo demonstrada má-fé *"dicção bastante coerente do ponto de vista da segurança jurídica e atende ao princípio da não surpresa"*.

Uma terceira linha de pensamento compreende que a lei não fixa o termo inicial para propositura da rescisória, mas estabelece tão somente o seu *dies ad quem*, que seria de dois anos após o trânsito em julgado da última decisão do processo, como Daniel Amorim Assumpção Neves[47] e Marcus Vinícius Gonçalves[48].

---

[45] O item III do já citado Enunciado 100 da Súmula do TST assim prevê: "Salvo se houver dúvida razoável, a interposição de recurso intempestivo ou a interposição de recurso incabível não protrai o termo inicial do prazo decadencial".

[46] GONÇALVES, Marcus Vinícius Rios. Direito processual civil esquematizado – 8 ed. – São Paulo: Saraiva, 2017, p. 727.

[47] NEVES, Daniel Amorim Assunção. Manual de direito processual civil – Volume único / 9. ed. – Salvador: Ed. Juspodivm, p. 1.483-1.485.

[48] GONÇALVES, Marcus Vinícius Rios. Direito processual civil esquematizado –

Tal interpretação elastece o biênio sem qualquer respaldo legal e em claro desprestígio à segurança jurídica e à função pacificadora de conflitos do processo civil, além de esvaziar a função imunizante do prazo legal de tolerância à relativização da coisa julgada.

Deve-se ter em mente que ao propor ação rescisória, o autor exerce um direito potestativo que ostenta prazo direito material[49] e decadencial. Salvo disposição legal em contrário (como a prorrogação do art. 975, §1º, do CPC[50]) não se sujeita à suspensão, impedimento ou interrupção, nos moldes do Código Civil[51].

Destaque-se que, conforme ventilado pelo próprio Supremo nos autos do RE 666.589/DF, a discussão sobre os marcos temporais da rescisória redunda em flexibilização da *res judicata*, matéria de *status* constitucional, de modo que a interpretação do tema deve respeitar a Carta da República, ainda mais no contexto de um processo civil constitucional a que alude o artigo 1º do CPC[52].

O posicionamento segundo o qual o marco inicial de propositura da rescisória inicia com o trânsito em julgado parcial foi expressamente validado pelo Pretório Excelso no julgamento do

---

8 ed. – São Paulo: Saraiva, 2017, p. 727.

[49] NERY Jr., Nelson; NERY, Rosa. Comentários ao Código de Processo Civil. São Paulo: RT, 2015, p. 1960.

[50] Art. 975. (...)
§ 1º Prorroga-se até o primeiro dia útil imediatamente subsequente o prazo a que se refere o caput, quando expirar durante férias forenses, recesso, feriados ou em dia em que não houver expediente forense.

[51] Código Civil. Art. 207. Salvo disposição legal em contrário, não se aplicam à decadência as normas que impedem, suspendem ou interrompem a prescrição.

[52] Art. 1º O processo civil será ordenado, disciplinado e interpretado conforme os valores e as normas fundamentais estabelecidos na Constituição da República Federativa do Brasil, observando-se as disposições deste Código.

Recurso Extraordinário supracitado, pois reconhece a *res judicata* como corolário da segurança jurídica, respeitando a isonomia, a efetividade e a razoável duração do processo.

9. CONSIDERAÇÕES FINAIS

A despeito das antigas divergências sobre a viabilidade de cisão do trânsito em julgado, o Código de 2015 expressamente estipulou permissivo para o juiz proferir decisões parciais terminativas ou de mérito, nas hipóteses de cumulação de pedidos, proporcionando a resolução imediata de capítulos do processo por decisão parcial e postergando a análise dos demais pedidos.

A partir de então, as decisões interlocutórias passam a possuir aptidão para veicular cognição exauriente passível de cumprimento forçado definitivo, superando a ideia de unidade estrutural da sentença de Chiovenda e viabilizando a formação de coisa julgada formal e material ao longo de diferentes momentos do mesmo processo, fenômeno conhecido por coisa julgada progressiva.

Analisada a alteração dos conceitos de sentença e decisão interlocutória, abordou-se sua repercussão no cabimento da rescisória, que não é mais ajuizada apenas contra sentenças de mérito imunizadas pela *res judicata*, tendo sua admissão ampliada para rescindir decisões de mérito transitadas em julgado, reforçando a ideia de progressividade.

Considerando o *status* constitucional da coisa julgada prevista no artigo 5º, XXXVI, da Carta Magna, a admissão da ação rescisória deve levar em conta o papel do processo civil de estabilização das relações jurídicas, evitando a perpetuação dos litígios e promovendo a segurança jurídica.

Nesse contexto, a despeito da dubiedade do artigo 975, caput, do CPC, compreendeu-se que não há um único prazo para ajuizamento da rescisória, mas sim um prazo para cada *res judicata* parcial. Além da interpretação estar validada pela Suprema Corte, é a que melhor se adequa à sistemática do Código de Ritos por levar em conta as noções de progressividade da coisa julgada, isonomia, paridade de armas, efetividade, celeridade e segurança jurídica.

REFERÊNCIAS

DIDIER JUNIOR, Fredie. **Inovações na antecipação dos efeitos da tutela e a resolução parcial do mérito**. São Paulo: Revista dos Tribunais, 2003. (Revista de Processo: RePro v. 28, n. 110, p. 225-251, abr./jun)

CUNHA, Leonardo José Carneiro da. **O §6º do art. 273 do CPC: tutela antecipada parcial ou julgamento antecipado parcial da lide?** Gênesis. Revista de Direito Processual Civil, Curitiba, v. 32, 2004.

MARINONI, Luiz Guilherme. **Antecipação de tutela**. 10. ed. São Paulo: RT, 2008.

BUENO, Cassio Scarpinella, **Tutela antecipada**. São Paulo: Saraiva, 2004.

CHIOVENDA, Giuseppe. **Instituições de direito processual civil**. São Paulo: Bookseller, 1998.

THEODORO JÚNIOR, Humberto. **"Coisa julgada: pluralidade e unicidade (Súmula 401 do STJ)"**. Revista Magister de Direito Civil e Processo Civil. Porto Alegre: Magister, vol. 35, março-abril/2004.

PEIXOTO, Ravi. **Ação rescisória e capítulos de sentença: a análise de uma relação conturbada a partir do CPC/15**. In: Processo nos tribunais e meios de impugnação às decisões judiciais. DIDIER JR, Fredie (coord geral) - Salvador: Jvspodium, 2016.

PONTES DE MIRANDA, Francisco Cavalcanti. **Tratado da ação rescisória.** Atualizado por Vilson Rodrigues Alves. 2. ed. Campinas: Bookseller, 2003.

MOREIRA, José Carlos Barbosa. **Comentários ao Código de Processo Civil**, 11. ed., vol. 5.

SOARES, Marcelo Negri **Ação rescisória:** 2a edição/Marcelo Negri Soares, Izabella Freschi Rorato. -- São Paulo: Blucher, 2019.

https://www.camara.leg.br/proposicoesWeb/prop_mostrarintegra?co dteor=1018280&filename=Tramitacao-PRP+3+PL602505+%3D%3E+PL+6025/2005, **acesso em 28/07/2019 às 11:41.**

OLIVEIRA JÚNIOR, Délio Mota de. **A formação progressiva da coisa julgada material e o prazo para o ajuzamento da ação rescisória: contradição do Novo Código de Processo Civil.** In: Processo nos tribunais e meios de impugnação às decisões judiciais. DIDIER JR, Fredie (coord geral) - Salvador: Jvspodium, 2016.

JÚNIOR THEODORO, Humberto. **Curso de Direito Processual Civil.** Volume I. 52a ed., 2011.

CARNEIRO, Athos Gusmão. **Ação Rescisória, Biênio Decadencial e Recurso Parcial.** Revista de Processo no 88, Ano 22, São Paulo: RT, 1997.

DINAMARCO, Cândido Rangel. **Capítulos de Sentença.** 5a ed. São Paulo: Malheiros, 2013.

BARBOSA MOREIRA, José Carlos. **Comentários ao Código de Processo Civil**, Vol. V, 16ª ed. Rio de Janeiro: Forense, 2011.

ARRUDA ALVIM, Teresa. **Ação rescisória. Temas essenciais do novo CPC.** São Paulo: Revista dos Tribunais, 2016.

ARRUDA ALVIM, Teresa. CONCEIÇÃO, Maria Lúcia Lins; RIBEIRO, Leonardo Ferres da Silva; MELLO, Rogério Licastro Torres de. **Primeiros comentários ao novo Código de Processo Civil.** São Paulo: Revista dos Tribunais, 2015.

Soares, Marcelo Negri **Ação rescisória**: 2a edição atualizada de acordo com o CPC/2015 / Marcelo Negri Soares, Izabella Freschi Rorato. -- São Paulo: Blucher, 2019.

CÂMARA, Alexandre Freitas. **O novo processo civil brasileiro** - São Paulo: Atlas, 2015.

GONÇALVES, Marcus Vinícius Rios. **Direito processual civil esquematizado** – 8 ed. – São Paulo: Saraiva, 2017.

NERY JR, Nelson Nery e NERY, Rosa Maria de Andrade. **Comentários ao Código de Processo Civil.** São Paulo: RT, 2015.

DIDIER JR, Fredie; CUNHA, Leonardo Carneiro da. **Curso de direito processual civil: o** processo civil nos tribunais, recursos, ações de competência originária de tribunal e querela nullitatis, incidentes de competência originária de tribunal – 14. ed. Reform. – Salvador: Juspodivm, 2017, p. 529-530.

THEODORO JÚNIOR, Humberto. **Curso de direito processual civil** - 49 ed. - Rio de Janeiro: Editora Forense, 2016, volume III.

SANTOS, Welder Queiroz dos. **Ação rescisória contra decisão interlocutória de mérito e contra capítulo não recorrido.** Doutrinas Essenciais - Novo Processo Civil | vol. 7/2018 | Revista de Processo | vol. 272/2017 | p. 327 - 347 | Out / 2017 | DTR\2017\5939

SCARPINELLA BUENO, Cassio. **Manual de direito processual civil** – 2ª ed. São Paulo: Saraiva, 2016.

GONÇALVES, Marcus Vinícius Rios. **Direito processual civil esquematizado** – 8 ed. – São Paulo: Saraiva, 2017.

NEVES, Daniel Amorim Assunção. **Manual de direito processual civil** – Volume único / 9. ed. – Salvador: Ed. Juspodivm.